DIESTERWEGS
NEUSPRACHLICHE
BIBLIOTHEK

Lektüren für Sekundarstufe I

Azouz Begag

Les voleurs d'écritures

Texte présenté et annoté par
Charles Desbordes
et Friedrich Klotz

VERLAG MORITZ DIESTERWEG
Frankfurt am Main

Abréviations		**Abkürzungen**
angl.	anglais	englisch
arg.	argot	«Slang»
cf.	confer (= comparez)	siehe
contr.	(le) contraire	Gegenteil/Gegensatz
f	féminin	weiblich
fam	familier	umgangssprachlich
iron.	ironique (ment)	spöttisch
lang. enf.	langage enfantin	Kindersprache
lang. milit.	langage militaire	militärische Befehlssprache
m	masculin	männlich
péj.	péjoratif	abschätzig
pl	pluriel	Plural/Mehrzahl
qch	quelque chose	etwas
qn	quelqu'un	jemand
vulg.	langue vulgaire	Vulgärsprache

ISBN 3-425-04908-9

© Editions du Seuil, Octobre 1990

© 1994 Verlag Moritz Diesterweg GmbH & Co., Frankfurt am Main.
Alle Rechte vorbehalten. Das Werk und seine Teile sind urheberrechtlich geschützt. Jede Verwertung in anderen als den gesetzlich zugelassenen Fällen bedarf deshalb der vorherigen schriftlichen Einwilligung des Verlags.

Umschlagentwurf: Thomas Dankoff, Wiesbaden
Illustrationen: Thomas Dankoff
Gesamtherstellung: Offizin Andersen Nexö Leipzig GmbH, Leipzig

Table des matières

Les voleurs d'écritures 5
Questions 42

I

C'était devenu un geste instinctif: à chaque fois que je rentrais de l'école, je balançais mon cartable dans un coin et je courais rejoindre mes copains au bas de l'immeuble. Et ma mère récitait sa rengaine: «Le poison de la rue va te faire trébucher.»

Quand j'étais son petit, c'était différent. Elle avait fait écrire un mot magique par un homme-sorcier pour faire de moi un savant docteur. Et elle était persuadée que la magie fonctionnait à merveille quand elle me regardait étudier. Quand j'étais son petit, sitôt rentré de classe, mes devoirs et mes leçons absorbaient tout, mon temps, mon énergie et ma santé. Alors, pendant que je travaillais sur la table de la cuisine, elle tenait mes frères et mes sœurs à distance pour laisser l'air nécessaire à mon esprit. J'étais son petit qui allait devenir grand. Elle m'apportait des gâteaux au miel qu'elle avait cuisinés pour moi.

Mais un jour, je suis devenu grand. Brutalement. A cause de Dieu. Il a tué mon père.

Je me souviens très bien de ce jour. Celui où je suis un peu devenu mort moi aussi.

J'étais avec ma mère à la maison. Quelqu'un a sonné à la porte et elle m'a dit: «Va ouvrir, ton père a sonné. Il a dû oublier ses clefs.» Et j'ai couru à la porte. J'ai ouvert, mais ce n'était pas mon père du tout. C'était un autre homme. Un travailleur comme lui, ça se voyait sur sa figure et puis aussi au blouson en

---

balancer *(fam)* jeter (schmeißen) **un cartable** serviette *(f)* d'écolier (Ranzen) **rejoindre qn** retrouver qn *(ici:* zusammentreffen) **un immeuble** grand bâtiment *(m)* à plusieurs étages (Gebäude, *ici:* Wohnblock) **une rengaine** phrase que l'on répète à tout moment («ewige Leier») **un poison** (Gift) *ici:* dangers **trébucher** perdre l'équilibre (straucheln) *ici:* faire des bêtises **un sorcier** un magicien (Zauberer) **savant,e** qui sait beaucoup de choses (gelehrt) **être persuadé,e** être certain,e; sûr,e (überzeugt sein) **à merveille** parfaitement (tadellos) **absorber** occuper; prendre tout à fait (in Anspruch nehmen) **le miel** (Honig) **pas du tout** nullement (ganz und gar nicht) **un blouson** sorte de veste de sport

Skaï bleu marine qu'il portait et même au sac en toile à carreaux dans lequel les ouvriers mettent leur manger pour le casse-croûte. Casse-croûte: c'est l'un des premiers mots français que mon père avait appris. Il le connaissait tellement bien qu'il sa-
5 vait s'amuser avec lui. Il disait en riant: «Tu casses la croûte, chef!» Pour rire du monsieur Khrouchtchev qui était un communiste que tous les travailleurs connaissaient. J'avais toujours

le skaï matière (*f*) imitant le cuir (Leder)   **le casse-croûte** petit repas léger que l'on prend rapidement (Imbiß)   **«Tu casses la croûte, chef!»** *ici:* jeu de mots: croûte + chef = Khrouchtchev

le cœur au triste quand les soirs je regardais ma mère remplir la gamelle de mon père. Elle avait deux étages. Dans le premier, elle mettait un beeftaike tout dur et rabougri, et dans le second, en bas, elle versait les légumes. Des pâtes. Presque toujours. Mon père faisait réchauffer tout ça au travail, dans une cabane où il y avait un gaz. La *gamilla* était faite en aluminium gris, usé et froid. Juste à la voir, j'avais pitié de mon père. J'avais froid pour lui. Je préférais qu'il rentre manger avec nous à midi plutôt que de l'imaginer réchauffer sa *gamilla* comme les pauvres qui n'ont pas de famille et qui mettent sur leur tête un mouchoir plié par des nœuds aux quatre coins pour se protéger du soleil. Mon père à moi, je voulais pas qu'il soit pauvre comme ceux qui n'ont pas d'enfants.

Je travaillais bien à l'école parce que je voulais vite devenir savant, gagner beaucoup d'or et le donner à mon père pour qu'il aille manger au restaurant à midi, des bonnes pâtes bien chaudes, de la viande tendre et aussi pouvoir prendre beaucoup de force pour le travail. Mais Dieu n'a pas voulu. Il l'a fait céder avant qu'il ait pu voir le monde, la terre et les restaurants.

Le monsieur à qui j'ai ouvert la porte n'était pas mon père. C'était son chef. Celui qui donnait les ordres et la paye. A chaque fois qu'il avait besoin d'un acompte, mon père disait: «Je vais demander au chef, c'est un homme gentil.» Il trouvait tous les hommes gentils. Mais c'est vrai que le chef lui donnait toujours ses acomptes au milieu du mois.

– Bonjour p'tit! ta maman est là? a demandé le chef.

– Mon père n'est pas encore arrivé, j'ai répondu, parce que ma mère ne pouvait pas bien comprendre ce qu'il allait dire.

---

une gamelle (Eßgeschirr)   **un beeftaike** phonétique pour «beefsteak» **rabougri,e** maigre, pas beau, peu appétissant (mies, kümmerlich)   **verser** *ici:* mettre (einfüllen)   **des pâtes** *(m/pl)* des macaronis, des spaghettis p. ex. (Nudeln)   **une cabane** une baraque (Hütte, Bude)   **usé,e** qui a beaucoup servi, trop servi (verbraucht)   **un nœud** (Knoten)   **tendre** *contr.:* dur,e (zart)   **céder** *ici:* partir pour toujours (= mourir); jeu de mots (cf. p. 8)   **la paye** somme *(f)* d'argent que l'on paie aux ouvriers chaque semaine/mois (Lohn)   **un acompte** somme *(f)* d'argent payée d'avance et représentant une partie de la paye (Vorschuß)

Elle ne pouvait pas non plus bien lui parler. Mais il a insisté. Son regard était bizarre. Alors je suis allé chercher ma mère. Il lui a jeté à la figure le mot DCD. Elle m'a regardé et m'a demandé qu'est-ce qu'il avait «dicidi» le chef, et moi je ne pouvais pas encore comprendre ce que voulait dire «votre mari est DCD». DCD... ABCD... ma mère et moi nous étions deux ignorants devant le chef de mon père qui essayait justement de nous dire qu'il n'était plus chef de mon père. Ensuite il a dit: «Monsieur Slimane est mort cet après-midi... Un accident du travail.» Et ma mère qui ne comprenait du français que le minimum vital est tombée sur le carrelage comme un chêne tranché par l'ultime coup de hache. Moi je suis devenu grand et vieux en même temps. C'est comme si quelqu'un avait ouvert une porte et que des dizaines d'années, engouffrées en courant d'air dans mon passé, m'avaient soudainement couvert la tête de cheveux blancs.

Mon père était employé par une entreprise de nettoyage des cuves de pétrole d'une raffinerie. D'immenses cuves dans lesquelles il descendait, le visage serré dans un masque à gaz. Et un jour il n'est pas remonté. C'est tout. Mort au travail. Le chef l'a dit simplement.

DCD phonétique pour «décédé» mort (le petit garçon ne connaît pas le mot et croit qu'il s'agit d'une abrévation comme p. ex. SNCF) **un ignorant** (Unwissender, Dummkopf) **le minimum vital** *ici:* un minimum de mots pour se faire comprendre **un chêne** (Eiche) **ultime** tout dernier,ère (allerletzte) **une hache** instrument *(m)* pour couper du bois (Axt) **engouffrer** *ici:* entrer avec violence (mit Wucht eindringen) **un courant d'air** toutes les fenêtres sont ouvertes: l'air froid passe (Luftzug/Zugluft) **une entreprise** affaire *(f)* commerciale ou industrielle (Betrieb) **le nettoyage** action *(f)* de nettoyer, de rendre propre (Reinigung) **une cuve** *ici:* (Tank)

2

Depuis ce jour, mon cœur s'est mis à battre un rythme à contretemps comme s'il avait des ratés. Depuis ce jour, j'ai balancé à la poubelle mon rêve de devenir docteur savant. Volatilisée l'envie d'apprendre le calcul, les affluents de la Seine, l'histoire
5 des rois Louis, les récitations de Paul Verlaine. Quand mon père est devenu DCD, j'ai vu ces choses toutes petites dans la vie et complètement inutiles. Les maîtres ne nous apprenaient pas à voir le vrai visage des jours. Quand mon père est devenu DCD, j'ai vu que la vie c'était comme les lettres de l'alphabet qu'on
10 pouvait réciter en s'arrêtant aux premières lettres: A, B, DCD… Après c'est plus la peine, on est mort. Ça sert à rien d'apprendre tout de A à Z quand on n'est pas sûr de dépasser le D. Un jour, nous serons tous classés DCD. Ça fait peur, l'éclipse totale. Je voudrais voir tous les gens du monde avant de
15 DCD moi aussi. Mon père n'a rien vu du tout. Il a été comme un aveugle dans des cuves aux parois denses comme le brouillard. Ma mère elle non plus n'a rien vu du tout. Elle voulait que je voie pour elle, que je passe le diplôme de savant pour qu'un jour elle puisse s'agripper à mon épaule et visiter le monde avant
20 la fin.

à contretemps *ici:* qui ne suit pas le rythme normal   **des ratés** *(m/pl)* bruit anormal qui montre qu'un moteur *(ici:* le cœur) fontionne mal (Ausfall)   **une poubelle** (Mülleimer)   **un rêve** (Traum)   **volatisé,e** *(ici: fam)* disparu,e (verschwunden)   **l'envie** *(f)* le désir (Wunsch zu …/Lust auf …)   **un affluent** cours *(m)* d'eau qui se jette dans un autre (Nebenfluß)   **Paul Verlaine** poète français (1844–1896)   **c'est plus** *(fam* pour: «ce n'est plus»)   **la peine** ce n'est plus nécessaire (es lohnt nicht mehr)   **une éclipse** disparition *(f)* d'une étoile (du soleil ou de la lune) *(ici:* absence de lumière) (Finsternis)   **un aveugle** qui ne peut pas voir (Blinder)   **une paroi** surface *(f)* intérieure d'un vase, d'une cuve *(ici:* Innenwand)   **dense** épais,se; compact,e (dicht)   **le brouillard** (Nebel)   **s'agripper** s'accrocher avec force (sich anklammern)   **une épaule** (Schulter)

  C'est dommage, moi je ne désirais plus du tout faire savant après le DC de mon père. Devenir riche! c'est ça que je voulais. Tout de suite. Je n'avais plus le temps de préparer mon avenir. Les savants ne sont jamais riches. Ils sont tellement passionnés par leur travail qu'ils oublient de gagner de l'argent pour le rapporter à leur famille. Les savants meurent pauvres. Comme mon père. Et les riches, qui ont beaucoup de sous, vivent plus longtemps. Ils achètent le temps de voir plus de choses sur la terre. La douceur de vivre. Je voulais être riche, très riche. Pour venger la vie aveugle de mon père. Il descendait nettoyer les cuves

le DC *ici:* phonétique pour «le décès»: la mort **l'avenir** *(m)* la situation future, la carrière professionelle (Zukunft) **un sou** *autrefois:* pièce de 5 centimes *(ici: fam)* des sous (Moneten) **la douceur de vivre** «la dolce vita» (das süße Leben) **venger** prendre sa revanche (rächen)

de pétrole pour me voir un beau jour porter un costume trois pièces et venir le chercher au travail dans une voiture grande comme un autobus. Il ne verra plus le costume ni la voiture géante.

5   A la maison, on avait l'impression de marcher sur une jambe depuis sa disparition. Ma mère n'arrêtait pas de me répéter froidement: «Si toi aussi il t'arrive quelque chose, on sera foutu. Je ne pourrais pas m'occuper de tes frères et sœurs...» Fils aîné, j'étais désormais la seule jambe de soutien de la famille. Ma mère
10 tenait fermement à la conserver, celle-là. «Où tu vas encore!?» elle demandait avec l'angoisse dans le blanc des yeux quand j'allais rejoindre mes copains dans la rue. «Pourquoi tu vas errer comme un fou au lieu de t'occuper de ta famille? Un homme doit rester chez lui!»

---

géant,e très grand,e; énorme (riesig)   **marcher sur une jambe** *(fam)* vivre mal, modestement, misérablement (äußerst bescheiden leben)   **la disparition** *ici:* la mort   **on est foutu** *(fam)* on est perdu (es ist aus mit uns)   **le fils aîné** le fils le plus âgé (der älteste Sohn)   **désormais** à partir de ce moment-là (von jetzt an)   **la jambe de soutien** (Standbein) *ici:* jeune homme qui, par son travail, assure l'existence matérielle de sa famille (Ernährer der Familie)   **l'angoisse** *(f)* grande peur (Herzensangst)

3

Mais je ne voulais pas être un homme. Pas encore. Pas comme ça.

La rue m'attirait comme le parfum des filles. Elle avait un goût sucré irrésistible. Alors, à chaque fois que ma mère essayait de me ceinturer avec son grappin sentimental pour me retenir à mes obligations d'homme, je finissais par devenir méchant. Et quand elle me poussait à bout, je la menaçais de ne pas rentrer de toute la nuit. A ce moment-là seulement elle me laissait m'envoler. La peur au ventre. Et moi je sentais mon sang couler comme un torrent fou et venir se jeter dans la cascade de ma gorge.

Il fallait vite que je devienne riche pour donner à ma mère de quoi s'acheter tout ce qu'elle veut et vivre en souriant. Hélas, je n'étais qu'un lycéen débutant. A part la bourse que nous donnait la société pour «famille économiquement faible» je ne rapportais rien du tout à la maison. On pouvait pas aller bien loin avec ça. Fallait trouver des ressources nouvelles.

Dans mon quartier, j'avais trois copains. Ma mère les appelait les «foyous». Elle était sûre que leur fréquentation allait me conduire en prison. Les mamans ont des intuitions...

---

irrésistible à quoi on ne peut pas résister (unwiderstehlich) **ceinturer** prendre qn par la taille en le serrant de ses bras (umklammern) **un grappin** (Enterhaken) *ici:* bavardage dont on se sert pour saisir et retenir qn (sentimentaler Schmus) **pousser qn à bout** faire perdre patience à qn (bis aufs äußerste reizen) **menacer qn** vouloir faire peur à qn (drohen) **s'envoler** (davoneilen) **un ventre** (Bauch) **un torrent** (Sturzbach) **débutant,e** qui commence (*ici:* à aller au lycée) (Anfänger) **une bourse** *ici:* somme d'argent accordée à un élève/étudiant (Stipendium) **des ressources** *(f/pl)* des moyens *(m)* financiers (Finanzmittel) **un copain** *(fam)* un camarade, un ami (Kumpel) **un voyou** *(fam)* un jeune mal élevé (Rumtreiber) (la mère qui est étrangère prononce mal «foyou») **la fréquentation** le fait d'avoir des relations avec qn, de le voir souvent (häufiger Umgang) **une intuition** la faculté de sentir ou de deviner les choses (Vorgefühl)

J'étais le seul à fréquenter une classe normale à mon âge, une classe de cinquième au lycée. Eux étaient inscrits dans celles où on apprend un métier manuel et comment compter l'argent de sa paye. Momo préparait un CAP de chaudronnier, Vincent un CAP de plâtrier-peintre et Luis un BEP de monteur-ajusteur. Des métiers très techniques.

C'étaient tous les trois mes copains. Quand ils étaient à mes côtés, je me sentais bien. C'est tout. On ne peut pas expliquer plus. Je ne savais pas comment dire ça à ma mère. Ça faisait bête.

Avec ses longs cheveux noirs aux reflets bleus, un visage sculpté tout en finesse, Vincent plaisait beaucoup aux filles. A cause de ça, il inspirait le respect. Et s'il n'avait pas eu les dents déjà tout abîmées par la nicotine du tabac, il aurait un jour séduit un mannequin et il n'aurait plus eu besoin d'un CAP de plâtrier-peintre pour le restant de ses jours. Pour le reste, ma mère avait raison: Vincent était un voleur. Un vrai. Un de ceux qui prennent un plaisir intime à s'emparer, toucher, posséder les objets des autres. Il avait réussi à transmettre cette passion à Momo et Luis. Ils en étaient eux aussi complètement dépendants. Pénétrer avec effraction dans un appartement vide, écouter le bruit sec d'une vitre qui cède, ouvrir les voitures avec une lime à ongles ou une paire de ciseaux, s'infiltrer dans des

---

un métier manuel (Handwerk) **CAP** Certificat d'Aptitude Professionnelle (Facharbeiterbrief) **un chaudronnier** qui fabrique et vend des récipients métalliques (Kessel-, Kupferschmied) **un plâtrier-peintre** qui fait les plâtres (Gips) et la peinture dans le bâtiment (Gipser und Anstreicher) **BEP** Brevet d'Enseignement Professionnel (Bescheinigung über die Berufsausbildung) **un monteur-ajusteur** (Monteur und Schlosser) **ça faisait bête** cela avait l'air bête (das hörte sich schön dumm an) **sculpter** faire un buste, une statue (en marbre, en bronze) (Bildhauerarbeit verrichten) **abîmer** mettre en mauvais état; *contr.:* réparer (verderben) **séduire** charmer qn en employant tous les moyens de plaire (verführen) **s'emparer de qch** prendre avec violence (sich bemächtigen) **être dépendant,e** être sous l'autorité d'un autre (abhängig sein) **pénétrer** entrer, s'avancer à l'intérieur (eindringen) **une effraction** action *(f)* de briser/casser une vitre pour entrer dans une maison et y commettre un vol (Einbruch) **une vitre** la partie en verre d'une fenêtre (Fensterscheibe) **une lime à ongles** (Nagelfeile) **une paire de ciseaux** (Schere)

vestiaires pour des vols de vestes et de blousons. Ces opérations de grande délicatesse et d'émotion piquante étaient devenues une drogue quotidienne. A chaque fois que je les retrouvais dans le quartier, ils jouissaient, commentaient un coup, échafaudai-
5 ent les plans d'un autre. De vrais complices.

Au début, ils me tenaient systématiquement à l'écart de leurs aventures de voleurs. A cause de Vincent, le chef. Ça m'énervait. Il disait que j'étais trop intellectuel pour ce genre d'activités. Un jour, alors que j'essayais de crâner pour montrer que j'étais un
10 homme au poil dur, Vincent m'a demandé de montrer les paumes de mes mains.

Quand je les ai ouvertes, ils se sont mis à hurler de rire en disant que j'avais des « mains de femme », aussi lisses que de la peau de fesses.

un vestiaire dans un théâtre/un restaurant où l'on dépose les manteaux, les parapluies etc. (Garderobe) **l'émotion** *(f)* sentiment *(m)* causé par la surprise, la joie, la peur, le plaisir (Erregung) **piquant,e** qui stimule (prickelnd) **quotidien,ne** de tous les jours (täglich) **échafauder** combiner, élaborer (entwerfen) **à l'écart de** à distance de (fern) **ce genre** cette sorte (Art) **crâner** simuler le courage et la décision (angeben, sich dicke tun) **un poil** sur la tête on a des cheveux, certaines parties du corps sont couvertes de poils (Körperhaar) **un homme au poil dur** un vrai homme (Kerl) **la paume** partie *(f)* intérieure de la main (Handfläche)

– T'es pas fait pour travailler avec tes mains, tu vas les abîmer, a dit Momo.

Puis il m'a montré les siennes. On aurait dit des plantes de pieds! Elles étaient toutes fripées, durcies par le ciment, craquelées comme un torrent raidi par le soleil africain, noircies par le cambouis à la pliure des phalanges, jaunies au bout des doigts par les Gauloises sans filtre. Ces mains-là en avaient touché du pays!

Les miennes n'avaient tenu que des stylos au cours de leur vie studieuse. Elles n'avaient jamais été gonflées par une seule cloque. De la vraie peau de fesses, en effet! C'est pas avec ça que j'allais devenir riche. Vincent ne voulait pas m'emmener en expédition avec son commando à cause de cette peau de bébé et aussi à cause de mon «duvet»... et ça voulait dire que je n'étais pas encore un homme, qu'il valait mieux que je continue à lire mes livres et à faire mes devoirs au lieu de risquer d'aller en prison.

Sur les joues de l'Homme pousse un poil dur. Et d'ailleurs, pas seulement sur les joues.

– De toute façon, si les policiers nous harponnent, tu vas être le premier à nous balancer. T'as pas l'habitude! a dit Luis en plaisantant à moitié.

– Pourquoi? Ils nous torturent quand ils nous attrapent!? j'ai demandé avec un air de celui qui vient juste de poser ses valises dans un nouveau pays.

Vincent a lâché sur un ton grave que c'était bien pire que ça. Il a dit qu'une fois qu'on avait mis les pieds en prison, après,

---

des plantes (f) **de pieds:** (Fußsohlen) **fripé,e** *ici:* (runzlig) **durci,e** rendu,e dur,e (gehärtet) **craquelé,e** (rissig) **raidi,e** rendu,e raide (steif) **noirci,e** rendu,e noir,e (geschwärzt) **le cambouis** (Wagenschmiere) **une pliure** (Beuge) **une phalange** (Fingerglied) **jauni,e** rendu,e jaune (vergilbt) **une Gauloise** cigarette de tabac brun, très connue et pas chère **avoir touché du pays** *(fam)* avoir fait des expériences (sich auskennen) **gonflé,e** rendu,e plus gros,se (angeschwollen) **une cloque** (Blase) **le duvet** petite plume très tendre et souple (Daune); *(ici)* barbe naissante (Flaum) **une joue** (Wange) **d'ailleurs** *ici:* du reste (übrigens) **harponner** *(ici: fam)* arrêter (erwischen) **balancer** *(ici: arg.)* dénoncer à la police (denunzieren) **pire** plus grave (schlimmer)

pendant toute la suite de sa vie on était comme derrière des barreaux. A cause du «casier judiciaire» de notre livre de conduite. C'est le roi du palais de justice qui tient ce livre de comptabilité pour tous les gens. Quand quelqu'un fait une bêtise, on l'inscrit en rouge. Ensuite le type ne peut plus trouver ni travail, ni maison, ni femme, ni rien du tout, parce que toute la terre a peur de lui à cause de son séjour au pays des voleurs.

Moi qui voulais être riche, je n'avais pas intérêt à me faire remarquer par les comptables du grand livre. J'ai eu peur, mais je ne l'ai pas montré à Vincent. Je ne lui ai pas posé d'autres questions. Au fond de moi-même, je me suis souvenu qu'il suffisait de me chatouiller sous les pieds pour me faire avouer n'importe quoi, même les choses que je ne connais pas. Ils avaient raison, les voleurs des quatre saisons, je n'étais pas bien fait pour ce métier d'artistes!

Après le DC de mon père, les choses n'étaient plus pareilles. Je cherchais de plus en plus à me sentir fort, très fort, plus fort que tout le monde. Être considéré comme un chêne, capable de résister aux plus violentes rafales de vent. Inspirer le respect, l'admiration, comme Vincent. Devenir un séducteur comme lui. Frissonner à sa manière en brisant une vitre de voiture, en caressant le portefeuille d'un inconnu, palper l'argent gagné sans

---

être derrière les barreaux *ici:* être en prison (hinter Gittern) **un casier judiciaire** (Strafregister) **la conduite** manière *(f)* d'agir (Benehmen, Verhalten) **la comptabilité** (Buchhaltung/Rechnungsführung) *(ici: iron.* Sündenregister) **un comptable** qui s'occupe de la comptabilité (Buchhalter) **chatouiller** toucher légèrement une partie sensible du corps, ce qui cause un rire (kitzeln) **avouer** dire que l'on est le coupable/responsable; (gestehen) **n'importe quoi** quoi que ce soit (was auch immer, irgendwas, alles Mögliche, egal was) **les voleurs des quatre saisons** allusion (Anspielung) à l'expression «les marchands des quatre-saisons» (marchand qui vend dans la rue toutes sortes de légumes, de fruits) *ici:* les petits voleurs qui volent un peu tout dans la rue **pareil,le** identique; (gleich) **une rafale** coup *(m)* de vent brutal (Windstoß) **un séducteur** celui qui séduit (Verführer) **frissonner** trembler légèrement sous l'effet d'une émotion (schaudern) **caresser** toucher légèrement en signe de tendresse (befühlen) **palper** examiner en touchant (befingern) *(ici: fam)* toucher de l'argent (Geld einstreichen)

transpirer. Découvrir des lingots d'or scintillant dans le c⟨offre-⟩
fort d'un appartement: celui d'un riche avocat. S'empa⟨rer du⟩
trésor et le distribuer à tous les enfants de papas qui polluent
leurs poumons dans les cuves à pétrole ou qui mangent leur
casse-croûte de midi dans des *gamillas* en aluminium écaillé,
parce qu'ils n'ont pas de sous pour se payer le restaurant. Prendre une photo: celle de l'avocat qui rentre chez lui et trouve son
coffre, le coffre qui remplit sa vie, vide! Nettoyé! Je souris en
imaginant sa vie fondre comme l'or en fusion et glisser dans le
vide tel un torrent libre.

Je rêve. Pourquoi un avocat? Je ne sais pas. Peut-être à cause
de Vincent. Il dit que lorsque les prisons sont pleines, les poches
des avocats aussi. Les unes de voleurs, les autres d'argent. C'est
certainement pour ça que je voulais détrousser un défenseur de
malfaiteurs. Pour être à sa place défenseur des pauvres et des opprimés. Mais seul je ne pouvais rien faire. Il fallait que je montre aux trois «foyous» que je savais être voleur moi aussi. Il fallait que je trouve une clef pour entrer dans leur monde… Ma
mère avait bien raison: la vie extérieure pullule de démons.

un lingot (Gold-, Silberbarren)   **scintiller** briller d'une lumière très vive et irrégulière (funkeln)   **un coffre-fort** coffre métallique où l'on met de l'argent ou des objets précieux (Safe, Tresor)   **un trésor** (Schatz)   **polluer** salir (verunreinigen)   **les poumons** *(m/pl)* organe *(m)* de la respiration (Lunge)   **écaillé,e** (abgeblättert)   **fondre** rendre liquide ce qui est solide (schmelzen)   **la fusion** (Schmelzen, Verschmelzung)   **tel** comme (wie)   **détrousser** *(fam)* voler (ausplündern)   **un défenseur** un avocat, celui qui défend le criminel devant le tribunal (Verteidiger)   **un malfaiteur** un criminel (Verbrecher)   **un opprimé** personne soumise à une autorité injuste (Unterdrücker)   **la vie extérieure** la vie dans la rue   **pulluler** se manifester en grand nombre (wimmeln)

4

Un samedi matin, je me suis lancé. La plus grande folie de ma vie. Je suis allé au centre-ville devant l'arrêt du bus n° 27, place des Cordeliers, là où il y a un bureau-tabac.

Depuis longtemps déjà, j'avais remarqué ce manège: beaucoup de gens garent leur voiture devant l'arrêt du bus, mettent leurs feux de détresse, sortent comme s'ils avaient un besoin pressant, courent dans le magasin acheter un journal et des cigarettes, et pendant ce temps le moteur de leur voiture tourne toujours. Souvent j'ai eu envie, juste pour rire, de commettre un grand délit dans ma vie tranquille. Voler une voiture! Mais heureusement je ne savais pas conduire. Ce matin-là, je me suis pointé devant ce bureau-tabac. J'ai attendu. J'ai laissé passer plusieurs occassions. Je savais ce que je voulais faire. Une dame d'environ quarante ans a garé sa Golf et elle est sortie en courant. Elle portait lourdement ses quarante ans, serrée dans un joguingue tout blanc, allait sans doute courir pour le plaisir. La Golf noire toussait par saccades irrégulières une fumée blanchâtre et crémeuse par-derrière. Comme un félin je me suis introduit à l'intérieur. L'odeur forte du parfum faisait encore exister la dame blonde. La radio marchait. Je connaissais la chanson, c'était Michel Fugain: «C'est un beau roman, c'est une belle histoire, c'est une romance d'aujourd'hui…» Quand j'ai décroché les clefs du contact, tout s'est arrêté. Je suis vite sorti

---

se lancer *(fam)* s'engager *ici:* dans une situation dangereuse (sich verwickeln in …) **une folie** une énorme sottise (Torheit) **le manège** (Schliche, Tricks) **un feu de détresse** (Warnblinkanlage) **un délit** acte *(m)* défendu par la loi (Vergehen) **se pointer** *(fam)* arriver (ankommen) **elle portait lourdement ses 40 ans** *(fam)* (etwa: man sah ihr an, daß sie gut 40 Jahre alt war) **un joguingue** «un jogging» prononcé «à la française» **tousser** (husten); *(ici: fam)* bruit d'un moteur qui ne marche plus très bien **une saccade** (Knattern) **blanchâtre** presque blanc (weißlich) **un félin** p. ex. un chat **Michel Fugain** chanteur français connu à partir des années soixante-dix

et j'ai couru de toutes mes forces vers chez moi, les clefs dans la main. De toute façon, je savais que la dame ne pourrait pas me rattraper. Je n'avais pas très très peur. Juste un petit peu parce que c'était la première fois que je volais vraiment de mes propres ailes.

Je suis revenu dans mon quartier. Comme je n'avais rien à faire, je suis allé m'asseoir sur les marches d'escalier, juste devant l'entrée de l'allée de Vincent, Momo et Luis. J'ai pensé à la dame blonde. Elle avait dû faire une drôle de tête avec ses cigarettes et son journal à la main, en joguingue sur le trottoir d'un samedi matin et sa Golf froide.

J'ai regardé les clefs. Il y avait celle de la voiture et trois autres, plus grandes. C'étaient sans doute celles de l'appartement de la dame. Je les ai serrées entre mes doigts et puis je suis allé les cacher dans la cage d'escalier. Avec une telle pièce à conviction sur moi, j'étais bon pour la prison. Maintenant que mon corps était froid, que mon cœur respirait normalement, je commençais à regretter. Ensuite je me suis mis à avoir pitié de la dame qui n'avait rien à voir dans mes affaires personnelles. « Et si elle avait des enfants et tout ça ! » je me suis même demandé.

J'étais tout embrouillé dans ma tête. Je pensais même jeter le trousseau de clefs dans l'égout du parking pour tout effacer, quand Vincent et Luis sont arrivés. Dès que je les ai vus sortir de l'allée, je me suis levé et je suis allé à leur rencontre en frétillant comme un goujon. Nous nous sommes dit bonjour et tout

je volais de mes propres ailes j'étais indépendant, j'agissais sans qu'une autre personne ne m'aide (ich stand auf eigenen Füßen) + jeu de mots avec voler = stehlen   **froid,e** *(ici: fam)* dont le moteur ne tourne plus *(ici iron: … der kalt blieb)*   **une cage d'escalier** (Treppenhaus)   **une pièce à conviction** objet *(m)* qui prouve que l'accusé est coupable et dont la justice se sert dans un procès (Beweisstück)   **la pitié** sympathie *(f)* causée par le malheur d'une autre personne (Mitleid)   **elle n'a rien à voir dans mes affaires** elle ne joue aucun rôle dans ma vie (etwa: sie geht mich gar nichts an)   **embrouillé,e** confus,e (verwirrt)   **un trousseau de clefs** (Schlüsselbund)   **un égout** canal *(m)* souterrain où s'écoulent les eaux sales d'une maison, d'une ville (Abflußkanal)   **frétiller** (zappeln)   **un goujon** poisson *(m)* d'eau douce (Gründling)   **frétiller comme un goujon** être très fier de soi et content (voller Selbstgefühl)

de suite j'ai annoncé la couleur. Mon geste de bravoure allait leur en mettre plein la vue. En surveillant discrètement autour de moi pour vérifier que personne n'épiait, je leur ai dit de me suivre à l'endroit où j'avais caché les clefs. Ils étaient intrigués. J'ai dit à Vincent :

– Viens, je vais te montrer quelque chose que j'ai fait avec mes mains de peau de fesses !

Luis a suivi. Je marchais devant, la fierté bien droite.

– Qu'est-ce qu'y a ? ne cessaient de demander mes deux copains.

– Z'allez voir ce que vous z'allez voir ! je disais mystérieusement.

annoncer la couleur *(fam)* dire ce que l'on a à dire (mit der Sprache rausrücken) **en mettre plein la vue à qn** *(fam)* provoquer l'admiration de qn (angeben) **épier** observer attentivement et secrètement (belauern) **la fierté** (Stolz) **z'allez voir** *(fam)* pour « vous allez voir » (etwa: ihr werdet schon sehen!)

Quand j'ai exhibé le trousseau de clefs, Vincent a fait une tête bizarre. J'ai expliqué que deux heures plus tôt, derrière ces clefs, il y avait une Golf noire. Puis j'ai détaillé mon exploit. C'est seulement à la fin que Vincent a dit:
– T'es un vrai abruti, bravo!

Luis a complété et pendant un bon moment ils ont ri de moi parce que de toute leur vie de voleurs ils n'avaient jamais rencontré un original de ma trempe. Luis a même conclu que ça servait à rien d'aller à la grande école des intelligents pour rester aussi alpha-bète que ses pieds.

J'étais tout coincé avec les clefs dans la main. J'ai demandé à Vincent:
– Qu'est-ce que je fais maintenant?

Il a dit que j'avais qu'à me débrouiller avec mes idées de fou. J'ai pensé à rapporter le trousseau au commissariat de mon quartier et le déposer dans la boîte aux lettres. Mais j'avais mes empreintes dessus maintenant. C'était trop tard. Finalement je suis allé les balancer dans une bouche d'égout pour qu'on n'en reparle plus jamais de la vie. Ni vu ni connu ni touché. Rayé de la carte, ce samedi matin!

A ce moment j'ai pensé à mon père. Je me suis dit dans ma tête: «S'il me voyait en train de dérailler comme ça dans la vie…»

Je ne disais plus rien. Mes deux copains parlaient à côté de moi en murmurant. J'aurais voulu courir en arrière dans le temps pour revenir à hier soir, monter dans une machine à remonter la

---

exhiber montrer, présenter, faire voir (vorzeigen) **un exploit** action *(f)* remarquable, extraordinaire (große Leistung, Heldentat) **abruti,e** *(fam)* peu intelligent,e *(etwa:* doof) **compléter** ajouter ce qui manque (ergänzen) **de ma trempe** *(fam)* de mon genre (meiner Art) **alpha-bète** jeu de mots, confusion avec «analphabète» **bête comme ses pieds** *(fam)* très bête (saudumm) **coincé,e** (hilflos, ratlos) **se débrouiller** *(fam)* se tirer habilement des difficultés (sich zu helfen wissen) **une empreinte** *(ici:* Fingerabdruck) **une bouche d'égout** (Gully) **rayer** effacer un mot *ici:* effacer toute une demi-journée **dérailler** comme le train, sortir des rails *ici:* faire des bêtises ((moralisch) entgleisen) **une machine à remonter la rivière des jours** machine imaginaire dont il rêve et qui pourrait le transporter au moment d'avant le vol des clefs

rivière des jours, pour tout recommencer à zéro. Même avant que mon père ne cède. Pour exister dans la famille des voleurs, j'aurais volé une petite chose à Carrefour. Tout le monde aurait été content. Soudain l'envie s'est pointée. L'envie de pleurer. C'est comme si mon cœur proposait de l'intérieur un répit liquide parce qu'il ne savait plus où il habitait lui non plus. J'ai dit non. Pas devant mes copains.

– T'es un peu fou mais courageux quand même ! a ensuite dit Vincent.

– T'es courageux mais quand même fou ! a dit Luis.

---

une rivière (Wasserlauf, Nebenfluß) **recommencer à zéro** commencer de nouveau (ganz von vorn beginnen) **Carrefour** nom d'un hypermarché **un répit** (Atempause)

5

Puis il s'est tourné vers son chef et lui a demandé si je pouvais aller avec eux ce soir à la bibli.

Le chef n'a pas répondu tout de suite.

– Et maintenant ? j'ai fait.

– Et maintenant quoi ? a repris Vincent.

– Je fais partie de la bande ou pas ?

– Ouais.

– Ce soir, tu commences !? a lancé Luis. A la bibliothèque du centre commercial. On va t'essayer pour voir.

– On va chercher la caisse où ils mettent les ronds des cotisations... J'ai vu plein de billets une fois. C'est une vieille qui s'en occupait. Dans son bureau, le deuxième tiroir sur la droite... C'est là qu'elle a tout mis, a précisé Vincent.

– Comment on fait pour rentrer ? j'ai demandé.

– Il a tout prévu ! a répondu Luis. Il prévoit tout jusqu'au plus petit détail...

Nous nous sommes tapé dans le creux des mains pour célébrer le pacte. Une joie immense gonflait mon cœur. J'étais enfin quelqu'un avec de vrais copains et la vraie vie commençait pas si mal que ça.

Il était autour de midi. Sur le marché de la place, les marchands forains pliaient leurs étalages. Leurs caisses étaient pleines.

---

une bibli *(fam)* pour « bibliothèque »   **on va t'essayer** *(fam)* on va te tester (testen)   **des ronds** *(m/pl) (fam)* de l'argent (Moneten)   **la cotisation** somme que payent régulièrement les membres d'un club p. ex. (Mitgliedsbeitrag)   **plein de** *(fam)* beaucoup de   **un bureau** *(ici:* Schreibtisch)   **un tiroir** (Schublade)   **prévoir** (prévu) (Vorsorge treffen)   **le creux d'une main** *ici:* l'intérieur de la main, la paume (Handinnenfläche)   **un marchand forain** marchand qui s'installe sur les marchés (Markthändler)   **plier** *ici:* ranger, démonter (zusammenpacken)   **un étalage** exposition *(f)* des marchandises à vendre (Auslage)

– Un jour, faudra qu'on vienne voir ça de plus près ! a dit Vincent.

L'idée de caisse et de coffre-fort l'obsédait comme celle de l'île au trésor. Il voyait des lingots d'or partout autour de lui.

Les cantonniers commençaient déjà leur ballet de balais, vêtus de leur tenue de plastique orange. Vincent et Luis se moquaient d'eux. Ils les méprisaient avec les yeux. Balayer les souillures des gens, c'était pour eux la preuve la plus dégoûtante d'une vie ratée. J'étais d'accord avec ça maintenant. En pensant à mon père.

Puis nous sommes tous rentrés chez nos mères pour manger. La mienne était dans un état pitoyable. Elle se plaignait justement d'être allée au marché et d'être revenue le porte-monnaie vide et le panier encore plus. L'argent ! Plus que jamais, j'avais le désir de faire fortune le plus rapidement possible et d'aider ma mère à retrouver un sourire argenté. Ce n'est pas en allant gentiment au lycée, jusqu'au bac, que j'allais pouvoir faire ça. J'avais moi aussi une drôle d'envie de caresser les caisses des autres.

A fréquenter des voleurs, on devient aussi voleur. Les mamans ont des intuitions… mais qu'importe.

obséder occuper entièrement l'esprit de qn (nicht aus dem Sinn kommen) **un cantonnier** (Straßenarbeiter) **un balai** (Besen) **la tenue** *ici:* le costume (Kleidung, Anzug) **balayer** pour balayer on se sert d'un balai **des souillures** *(f/pl)* saleté(s) *(f)* (Schmutz, Dreck) **argenté,e** *(ici: fam)* le sourire d'une personne riche **fréquenter qn** voir souvent qn *(ici:* oft zusammentreffen) **qu'importe** ce n'est pas important (das ist nicht so wichtig)

6

Vers 17 heures nous sommes allés tous les quatre nous pointer devant l'entrée de la bibliothèque, de l'autre côté du centre commercial du quartier. Nous nous sommes assis sur un banc et nous avons regardé les gens sortir. Il y avait des étudiants qui avaient passé là toute la journée au lieu de vivre leur vie en souriant, des enfants pris par le démon de la lecture, des femmes surtout, toutes du même style «pisse and love, j'élève mes moutons et je mange du fromage de chèvre». Momo et Luis ne cessaient de se moquer de ces gens qui n'ont rien d'autre à faire que de fourrer leur tête dans les bouquins pendant que le soleil brille sur la terre. Ils ricanaient à propos des filles surtout. Elles avaient des choses beaucoup plus intéressantes à faire pour passer le temps!

Puis les deux bibliothécaires sont sorties. Elles ont fermé les portes derrière elles. Il y avait la dame aux cheveux courts et veste en laine que Vincent avait vue, soi-disant, avec une caisse pleine d'argent à la main, et une autre, beaucoup plus jeune et beaucoup plus belle. Quand elle est passée devant nous, Momo lui a adressé un appel sous forme d'un sifflement, mais elle n'a pas daigné répondre au compliment.

– Bêcheuse! a dit Momo.

– C'est comme ça qu'on se fait remarquer! j'ai dit en pensant aux portraits-robots qu'on allait faire de nous en cas d'ennuis.

Momo n'a pas bien compris. Puis Vincent s'est redressé sur ses jambes fines et il a donné le signal du départ. A part lui, per-

---

style «pisse and love» jeu de mots, il faut lire «peace and love» *(angl.)* – c'est le slogan des Hippies **un mouton** (Schaf) **une chèvre** (Ziege) **fourrer** faire entrer (stecken) **un bouquin** *(fam)* un livre (Buch, Schmöker) **ricaner** rire d'un rire ironique (grinsen) **la laine** (Wolle) **le sifflement** du verbe «siffler» (pfeifen, der Pfiff) **daigner** avoir la bonté de *(ici: iron.)* (geruhen, die Güte haben) **Bêcheuse!** prétentieuse! snob! (eingebildete Gans!) **en cas d'ennui** s'il y a des difficultés (falls es Ärger gibt)

sonne ne savait rien du plan, alors nous l'avons suivi comme des soldats disciplinés. Nous avons contourné le bâtiment de la bibliothèque pour arriver du côté d'une petite fenêtre entrouverte.

5 – C'est la fenêtre des chiottes. Je l'ai ouvert c't' aprème ! a fait Vincent.

Alors là j'ai corrigé.

– Je l'ai OUVER… TE !… quand le COD est placé avant le participe passé, on accorde. Quand le COD est placé après, on 10 n'accorde pas. C'est moi qui l'ai ouvert… Ouvert quoi ? La fenêtre ! Elle est placée devant le participe…

– Elle est placée là, en face de tes yeux ! a dit Vincent, agacé.

La place du COD ne l'intéressait pas vraiment. Son esprit 15 était trop accaparé par la caisse de la vieille bibliothécaire. Malheureusement, la fenêtre était située un peu trop haut par rapport à notre taille. Il fallait faire la courte échelle. J'ai appuyé mon dos contre le mur, croisé mes mains ouvertes à la hauteur de mon bas-ventre et j'ai fait signe à Vincent de monter le pre20 mier. Il a posé son pied droit sur mes mains « de fesses » et s'est hissé jusqu'à la fenêtre puis s'est engouffré dans les w.-c. Ensuite Momo m'a offert ses mains « plantes de pieds » pour me faire monter et Luis a donné les siennes pour aider Momo.

Une fois à l'intérieur des w.-c., j'ai entendu quelqu'un qui vo25 ciférait dehors :

– Et moi, qui c'est qui va me faire la courte échelle ! Bande

---

contourner faire le tour de …, passer autour (um…, herumgehen) **les chiottes** *(f/pl) (arg.)* le WC (Scheißhaus) **je l'ai ouvert** pour « je l'ai ouvert*e* » – Vincent fait des fautes de grammaire en parlant **c't'aprèm** (très *fam*) pour « cet(te) après-midi » **COD** complément d'objet direct (Akkusativobjekt) **accorder** … le verbe avec le sujet de la phrase. Pour bien comprendre ce paragraphe consultez votre grammaire **accaparer** occuper qn exclusivement (völlig in Anspruch nehmen) **faire la courte échelle** aider qn à monter en lui offrant comme soutien les mains et puis les épaules (Räuberleiter) **mes mains de fesses** allusion à p. 16, l. 13/14 **se hisser** monter avec effort (sich hochziehen) **ses mains plantes de pieds** allusion à p. 17, l. 3/4 **vociférer** parler en criant et avec colère (brüllen)

d'enfoirés! Oh, Momo! Reviens me faire monter, moi je t'ai aidé, salaud!

Momo qui venait de débarquer dans les toilettes me dit:
– Il est vraiment bête ce Spanche! Écoute c' qu'il est en train de me raconter. Il voudrait que je retourne lui faire la courte échelle… Quel âne!

Puis en riant, à Luis:
– Surveille dehors, toi! T'as pas besoin de venir avec nous.

un enfoiré *(vulg.)* un imbécile (Blödmann) **un salaud** *(arg.)* *(ici: injure)* personne malhonnête (Mistkerl) **débarquer** *(ici: fam)* arriver à un moment où on ne s'y attend pas (unvermutet auftauchen) **un Spanche** *(arg.)* un Espagnol *(etwa: «Spaniole»)* **un âne** (Esel) **surveiller** observer attentivement (aufpassen)

Puis il m'a adressé un sourire heureux. Il savait que l'Espagnol allait redoubler de rage.
– Enfoiré! criait Luis de l'autre côté du mur.
Puis Momo est monté sur la cuvette des w.-c. et il a passé sa tête par la fenêtre pour le regarder. Il lui lançait de grands coups de langue pour l'enrager et ça marchait au quart de tour. Luis insultait en espagnol maintenant. Soudain Momo s'est affalé par

une cuvette (Klosettschüssel) **de grands coups de langue** *(fam)* des paroles qui blessent qn (Beschimpfungen) **ça marchait au quart de tour** *ici:* (er reagierte sofort) **insulter** (beleidigen) **s'affaler** se laisser tomber (sich fallen lassen); *ici:* tomber (fallen)

terre. La cuvette des w.-c. qui était mal arrimée sur le sol est tombée à la renverse sous son poids. Les tuyaux ont cédé. De l'eau a commencé à couler de partout. Vincent est revenu vers nous.

– Qui c'est qu'a fusillé les chiottes ? il a demandé en me regardant avec des yeux accusateurs.

J'ai regardé Momo.

– C'est pas possible ! a fait Vincent en le fixant avec gravité. On peut pas te laisser une minute tout seul sans que tu fasses une connerie. Allez, remets ça en place, c'est pas moi qui vais le faire, non ?

Momo s'est exécuté. En grommelant. Mais il s'est exécuté quand même. Le chef avait parlé. Quelqu'un continuait d'insulter en espagnol dehors.

– Oh, tu veux nous faire repérer ou quoi ! a lancé Vincent.

– Je veux venir ! Dis à Momo qu'il me fasse la courte échelle ! faisait toujours Luis en pleurnichant.

– Fais le guet dehors ! a conclu Vincent.

Puis nous sommes entrés à l'intérieur de la caverne d'alivres Baba.

– Faut faire vite, sinon on va se faire noyer par l'eau des chiottes ! a lâché Momo qui commençait déjà à montrer les premiers signes de la peur.

– Ça va tout tomber chez les voisins du dessous ! j'ai dit.

---

arrimer fixer (befestigen) **tomber à la renverse** tomber sur le dos (auf den Rücken fallen) **un tuyau** (Rohr) **céder** *ici:* se casser, ne pas résister (nachgeben) **fusiller** *ici:* détruire (kaputtmachen) **accusateur, trice** (anklagend) **avec gravité** d'un air autoritaire (streng) **une connerie** *(vulg.)* une bêtise (Blödsinn, dummes Zeug) **s'exécuter** se résigner à faire une chose désagréable (sich fügen) **grommeler** murmurer entre ses dents (brummeln) **se faire repérer** attirer l'attention sur soi (auf sich aufmerksam machen) **pleurnicher** se plaindre sur un ton larmoyant (weinerlich tun) **faire le guet** (aufpassen, Wache halten) **conclure** *ici:* décider (entscheiden) **une caverne** une grotte (Höhle) **la caverne d'alivres Baba** jeu de mots qui fait allusion à Ali Baba et à la Bibliothèque (livres) **se faire noyer** mourir dans/sous l'eau (sich ertränken – ertrinken) **lâcher** *ici:* laisser échapper un mot/une phrase (ein(en) Wort/Satz fallen lassen)

7

La bibliothèque s'était refermée sur ses livres comme une fleur se plie dans sa couette de pétales. Un drôle de silence habitait ces lieux déserts. Toutes les histoires qui dormaient dans ces livres, c'était inquiétant. Je me sentais comme un point minuscule dans cet univers. Un vertige a commencé à rendre mes jambes toutes molles, comme si l'angoisse ou quelque chose qui lui ressemble s'installait en moi. J'avais honte d'être entré dans cette chambre à livres comme un voleur professionnel.

Pendant que je regardais avec une mystérieuse admiration les livres déposés dans l'« espace » roman, science, BD, géographie, aventures, ... Vincent avait commencé une fouille minutieuse du bureau de la bibliothécaire. Muet, Momo se tenait vers les bandes dessinées. Il avait ôté son pull et en avait fait un grand sac dans lequel il enfouissait des dizaines d'Astérix, d'Alix et autres bandes dessinées aux mille couleurs et aux personnages de tous genres. Je souriais. Momo ne pourrait jamais porter autant de livres à la fois.

Et Vincent fouillait à présent la blouse de la bibliothécaire.

– Une culotte! grommela-t-il en jetant à terre l'objet de rechange de la gardienne des livres. Mais où elle l'a planquée cette caisse, la vieille!

– P't-être que tu l'as jamais vue cette caisse, j'ai dit.

Il m'a regardé dans les yeux avec un air de fatigue. Puis il m'a

---

une couette (Bettdecke); *ici:* enveloppe (Hülle) **un pétale** (Kelchblatt) **désert,e** vide, un lieu où il n'y a personne (öde/leer) **minuscule** très petit,e (winzig) **un vertige** (Schwindelgefühl) **un espace** *ici:* expression moderne pour « rayon » = partie d'un grand magasin (Abteilung) **une fouille** du verbe « fouiller » = chercher en remuant tout (Durchsuchung) **muet,te** qui ne peut pas parler (stumm) **enfouir** faire disparaître dans ...; mettre dans ... (stecken) **une culotte** (Höschen) **un objet de rechange** (Wechsel-/Ersatzgegenstand) **planquer** *(fam)* cacher (verstecken) **p't-être** pour « peut-être »

demandé pourquoi je ne l'aidais pas à chercher le magot au lieu de rester planté là comme un arbre. Alors j'ai fait semblant de chercher dans les rayons en ouvrant quelques livres comme si des billets de 100 allaient s'en détacher telles les feuilles mortes de l'automne.

– Tu vas faire ça avec tous les bouquins qu'y a là ? a lâché Vincent ironiquement.

le magot *(fam)* l'argent (Moneten)   **un rayon** *ici:* planche horizontale d'un meuble (Fach im Regal z.B.)   **se détacher** ne plus être attaché, tomber en bas (abfallen, herunterfallen)

— Si t'as vraiment vu de l'or, il est forcément dans les livres. C'est toujours plein de richesses dans les livres! j'ai fait remarquer sur un ton décisif.

— En tout cas, personne pose ses sales mains sur mon magot à moi! « a dit Momo jubilant sous le poids de son trésor qu'il traînait derrière lui en venant nous rejoindre. « Primo, je vais tous les bouquiner tranquillos; deuxièmemo, je vais les revendre 20 ou 30 balles pièce; et troisièmemo, je vais me faire un pognon d'enfer! Pas besoin de chercher la caisse, moi!

— N'oublie pas que c'est grâce à moi que tu es là, petit! a rappelé Vincent. Fifty-fifty.

J'ai continué à feuilleter des livres que j'ouvrais pour déguster la première phrase. C'est elle qui ouvre la ligne aux autres. Elle est toujours élégante. Puis je regardais les titres. C'est alors que le hasard a porté ma main sur un petit livre de rien du tout, qui avait l'allure d'un nain à côté des autres, mais qui sentait la magie. *Le Vieil Homme et la Mer*. Je l'ai pris entre mes doigts. J'ai regardé la couverture. J'ai lu la première phrase, puis la seconde. Puis je suis parvenu comme ça à la page 22... quand une voix sèche a fouetté le silence velouté de la bibliothèque:

— Ça suffit les jeunes. Les mains en l'air!

---

forcément nécessairement (notwendigerweise) **primo** premièrement (erstens) **bouquiner** *(fam)* lire (schmökern) **deuxièmemo** (mot inventé) pour « deuxièmement » (ou: secundo) (zweitens) **30 balles** *(fam)* 30 francs (30 Eier) **troisièmemo** (mot inventé) pour « troisièmement » (ou: tertio) (drittens) **le pognon** *(fam)* argent *(m)* (Zaster) **d'enfer** *(ici: fam)* beaucoup de **déguster** boire ou manger (*ici:* lire) pour voir quel en est le goût (kosten, probieren) **de rien du tout** sans importance (unbedeutend) **une allure** apparence *(f)*; air *(m)*; aspect extérieur (Aussehen) **un nain** personne très petite (Zwerg) **Le Vieil Homme et la Mer** titre d'un roman de Ernest Hemingway « The Old Man and the Sea » **sec, sèche** où il n'y a pas d'eau; *contr.:* humide *ici:* dur,e **fouetter** (peitschen) **velouté,e** *ici:* doux, ce (weich)

8

Le Vieil Homme m'a échappé des mains. J'ai vu Vincent essayer un pas de fuite vers la sortie. Mais la voix de gendarme a remis les choses en place:

– J'ai dit on bouge pas. Tranquille! Mains en l'air!

Là, j'ai eu peur. Comme si c'était la guerre et que les ennemis nous avaient capturés. Ils allaient nous torturer. Nous exécuter.

Deux gendarmes tout de noir et bleu vêtus. Ils ne plaisantaient pas. Au bout de leur main droite, ils serraient des revolvers qui nous regardaient avec un air menaçant. Dans l'obscurité inquiétante du canon, je voyais déjà la mort, l'odeur du sang, j'entendais l'impact de la balle sur mon corps, déchirant la chair, cassant les os.

– Mains en l'air tous les trois! a répété un gendarme moustachu. On va pas vous le répéter mille fois, non!

Tous les deux s'avançaient vers nous à pas de loup, très prudemment parce qu'ils avaient peur. Ils tenaient fermement leur arme au cas où.

– Les mains contre le mur!

Nous nous sommes mis dans cette position que nous connaissions parfaitement grâce à Starsky et Hutch.

L'autre gendarme nous a fouillés pour trouver les armes.

Quand il est arrivé à moi, il a passé ses mains entre mes cuisses et il a effleuré mon zizi et ça m'a beaucoup fait rire à cause des chatouilles.

---

exécuter *ici:* mettre à mort (hinrichten) **l'obscurité** *(f)* (Dunkelheit) **l'impact** *(m)* (Aufprall) **la chair** (Fleisch) **un os** chacune des parties du squelette (Knochen) **moustachu** qui porte une moustache (Schnurrbärtiger) **un loup** (Wolf) **à pas de loup** sans faire de bruit (lautlos) **au cas où** s'il arrivait que … (für den Fall, daß …) **Starsky et Hutch** série télévisée (USA) très connue **une cuisse** (Schenkel) **effleurer** toucher légèrement (leicht berühren, streifen) **un zizi** *(lang. enf.)* pénis (Schwänzchen) **la chatouille** *(fam)* du verbe «chatouiller» (Kitzeln)

– Ça te fait rire. Tu riras moins tout à l'heure !

Ils allaient nous torturer, les hommes noirs. L'autre qui nous tenait en respect pendant la fouille a demandé qui était le chef, ici. Et sans hésiter une seconde, Momo a voulu montrer qu'il était prêt à collaborer sans condition, qu'il pouvait tout avouer, et même plus. Il a dit :

– C'est lui : Vincent.

Et il l'a même désigné du doigt au cas où on ne l'aurait pas vu.

Vincent a craché un très gros mot en espagnol de HLM.

– Où c'est donc que tu vas avec les livres dans ton pull toi, le Suédois ?!! a demandé le gendarme.

Momo avait son butin juste à ses pieds. C'était un indice de culpabilité évident. Mais il en fallait plus pour le perturber.

– C'est pas à moi ! il a dit en se retournant vers l'accusateur comme pour montrer qu'il n'avait pas peur de regarder la vérité en face.

– Mains au mur ! a rappelé le gendarme. Alors c'est à qui ? A moi peut-être !

Momo était incapable de répondre.

– A qui il est le pull ? a alors demandé le gendarme.

– A moi, a fait Momo bien penaud.

– Et tu sais pas qui a mis les livres dedans ? Mon pauvre petit ! On t'a tout abîmé ton pupull… Le pupull à son nounourse…

Momo avec un temps de réponse a fini par avouer :

– C'était pour s'amuser.

– Eh bien on va aller s'amuser au poste. Demi-tour ! Vol avec effraction, ça va chercher dans les six mois de prison…

collaborer travailler avec une autre personne *(ici)* kollaborieren **un gros mot** expression *(f)* vulgaire (unanständiger Ausdruck) **un espagnol de HLM** l'espagnol tel qu'on le parle dans un HLM **HLM** Habitation à Loyer Modéré (Sozialwohnung) **un Suédois** (Schwede) *(ici: iron.:* Momo est Arabe !) **le butin** ce qui a été volé (Beute) **la culpabilité** état *(m)* de celui qui a commis une faute/un crime ; *contr.:* innocence *(f)* (Schuld) **perturber** troubler (verwirren) **penaud,e** confus,e parce qu'on l'a pris en défaut (verlegen, beschämt) **le pupull à son nounourse** *(lang. enf.* ironisé par le gendarme) ; le pull-over de son ours en peluche (Plüschteddy) (sein Teddy-Pulli) **demi-tour !** *(lang. milit.)* (kehrt !) **ça va chercher dans …** *(fam)* ça va coûter environ … (das wird so an die … kosten)

– M'sieur on est mineurs! On peut pas nous mettre en prison!? j'ai dit en posant la question.

Mais l'autre gendarme a fait savoir que la société avait tout prévu, qu'elle avait des prisons-hôtels spéciales pour mineurs et même qu'on allait être comblés puisqu'il y avait même une bibliothèque à l'intérieur. On allait pouvoir lire jusqu'à «livre-esse».

– J'espère qu'y a *Papillon*! a dit Vincent en plaisantant, comme si c'était un moment à plaisanteries.

Puis les gendarmes nous ont demandé de leur montrer l'endroit par où nous étions entrés, et Momo a tout de suite répondu, avant même qu'ils ne terminent leur question.

– Par les w.-c., m'sieur!

Nous y sommes allés. Quand ils ont vu la cuvette renversée sur le côté comme un arbre déraciné par un cyclone et l'eau des tuyaux qui giclait en sifflant, les gendarmes ont poussé des cris et ils ont dit que maintenant ça allait nous coûter vraiment très très cher.

– C'était comme ça quand on est arrivés! j'ai affirmé.

– Et vous êtes entrés par la cheminée! a fait le gendarme avec ironie. Allez, bande de malfrats! Maintenant, faut passer à la caisse!

C'était vraiment le cas de le dire!

---

un mineur un jeune qui n'a pas encore 18 ans (Minderjähriger)   **être comblé,e** être très satisfait,e (zufrieden sein)   **jusqu'à «livre-esse»** jeu de mots: ivre de livres; vous lisez jusqu'au moment où vous serez ivres (trunken) de lecture (bis ihr euch an den Büchern besoffen gelesen habt)   **Papillon** criminel bien connu qui, dans un best-seller, a raconté comment il a réussi à sortir du bagne (Zuchthaus)   **déraciner** arracher avec les racines (entwurzeln)   **gicler** sortir avec force (hervorspritzen)   **un malfrat** *(fam)* malfaiteur *(m)* (Missetäter)   **il faut passer à la caisse:** il faut payer (es geht ans Zahlen)

9

Nous nous sommes finalement retrouvés au poste de police. Dès que nous avons mis un pied dans cet endroit sinistre, un autre représentant de l'ordre, assis derrière son bureau jaunepourri a demandé avec un air très mauvais et un accent très fort:
 – Qui c'est ça encore ?!
 – Vol avec effraction à la bibliothèque. Pris en flagrant délit. Ils ont tout cassé à l'intérieur... a énuméré l'un.

sinistre sombre et triste, annonçant une catastrophe *ici:* unheimlich **jaunepourri** *(fam)* d'un jaune sale (schmutziggelb) **prendre qn en flagrant délit** le surprendre au moment même où il commet une faute (auf frischer Tat ertappen)

— Des amoureux de la lecture! a rigolé l'autre.
— Avec la tête qu'ils ont ces zigotos, y m'ont pas l'air d'être des intellectuels, a fait celui assis derrière son bureau. Vu la casse qu'ils ont fait, c'est des apprentis truands, oui!!
— La casse qu'ils ont fait… TE! j'ai dit en murmurant. Quand le COD est placé avant l'auxiliaire ou le participe passé, on accorde…
— Je vais t'accorder un coup de pied au cul, tu vas voir où il est mon COD!! a hurlé méchamment un gendarme qui croyait pas qu'on étaient des penseurs réfléchis.

L'un d'eux a ensuite regardé Vincent dans les yeux et a dit:
— Qu'est-ce que vous êtes venus foutre là-dedans?
Vincent, en remontant une mèche de cheveux rebelle:
— On voulait lire des Astérisques!
— Tu te fous de ma gueule?!
— Non! Je le jure sur la tête de ma mère! C'est la vérité! Qu'elle crève à l'instant si je mens!
Puis le gendarme a fixé Momo dans les yeux:
— Toi le Suédois, tu m'as l'air d'un gentil collaborateur… Dis la vérité ou on t'expulse d'où tu viens!
De gris, Momo est devenu bleu, mais il a tenu le coup:
— On voulait lire des livres, m'sieur! La vie de ma mère qu'elle crève par terre à l'instant c'est vrai!!!
— Je m'en fous de vos mères qui crèvent! a hurlé un policier.
Il m'a ensuite regardé dans les yeux et posé la même question. Même réponse. Décidément il ne pouvait pas y avoir de doute. Alors ils nous ont fait asseoir sur des chaises disposées en ligne

---

rigoler plaisanter, s'amuser (scherzen, laut lachen) **un zigoto** *(fam)* qui fait le malin pour se rendre intéressant (Angeber) **vu** en considérant … (in Anbetracht …) **un apprenti** personne qui est en train d'apprendre un métier (Lehrling) **un truand** *(fam)* un gangster **le cul** *(vulg.)* le derrière (Arsch) **réfléchi,e** sérieux,se (ernst, besonnen) **foutre** *(vulg.)* faire **une mèche** quelques cheveux (Strähne) **des Astérisques** mal prononcé: Astérix **tu te fous de ma gueule** *(arg.)* tu te moques de moi? (willst du mich verarschen?) **crever** *(ici: fam)* mourir (krepieren) **expulser qn** (jmd. ausweisen) **tenir le coup** résister (standhaft bleiben) **décidément** vraiment (entschiedenermaßen) **le doute** (Zweifel) **il n'y a pas de doute** c'est sûr, c'est certain

contre le mur et ils sont allés dans un coin de la pièce pour une délibération rapide.

A ce moment, je savais qu'on n'irait pas en prison. Ils ne pouvaient pas imaginer la vérité. Elle était trop folle. D'ailleurs, sûr que la cassette n'avait jamais existé.

Un gendarme est enfin venu vers nous et il a dit qu'il fallait maintenant remplir des dossiers sur cette affaire. Chacun de nous a donné le nom-prénom du père, de la mère, adresse, date de naissance, date de DC, et ensuite nous avons fait une séance de photos. Face, profil gauche, profil droit… On ne rit pas ! On n'est pas dans un salon de jeu, nom de Dieu ! J'ai demandé pourquoi on faisait des photos et le monsieur a dit que c'était lui qui posait les questions. Compris !

– C'était juste une question, j'ai dit.

– Après ça vous pourrez rentrer chez vous, les gones. On a votre matricule au fichier central… Maintenant vous êtes dans l'ordinateur. On sait où on peut vous trouver. La prochaine fois que vous voudrez lire des livres, prenez une carte à la bibliothèque. Ça coûte moins cher que ce que vous allez payer pour la réparation des dégâts… Enfin, c'est plutôt vos pères qui vont payer, parce que vous êtes même pas foutus de réparer vous-mêmes vos conneries…

« Mon père à moi il a déjà tout payé », j'ai dit dans ma tête.

Nous avons tous dit un « merci m'sieur ! » très gentil et nous sommes sortis de la maison de la police comme de petits enfants surpris par leur grand-mère en train de voler du chocolat dans l'armoire, les fesses serrées et la tête enfoncée dans les épaules. Une fois dehors, à « l'air livre », nous avons été pris de fou rire et nous sommes retournés vers notre immeuble en courant comme des prisonniers amnistiés.

---

une délibération une discussion   **remplir des dossiers** (Formulare ausfüllen)   **une séance** réunion de travail (Sitzung) (*ici:* wir sind fotografiert worden)   **un gone** (*argot de Lyon*) un gamin, un enfant   **le matricule** (Erkennungsnummer)   **un fichier** (Karteischrank)   **un ordinateur** (Computer)   **les dégâts** *(m/pl)* (Schäden)   **vous n'êtes pas foutus de** *(fam)* vous n'êtes pas capables de … (ihr bringt es ja nicht mal fertig …)   à **« l'air livre »** jeu de mots (libre/livre): l'air frais (an der frischen, freien Luft)

Ce jour-là, la chance était au rendez-vous. Les livres nous avaient pardonnés parce que, au fond, ils ne sont pas méchants quand ils se font voler.

Ce même jour, je suis allé à la librairie du centre commercial et j'ai acheté mon premier livre avec fierté: *Le Vieil Homme et la Mer*.

Je l'ai recommencé à zéro: «Il était une fois un vieil homme, tout seul dans son bateau qui pêchait au milieu du Gulf Stream.»

Questions

1 Avant la mort du père
a) Essayez de décrire dans quelles conditions vit la famille Slimane.
b) Relations du fils et de sa mère.
c) Comment la mère voit-elle son avenir ?
d) Quels sont les espoirs que la mère met en son fils ?
e) Le travail du père – Sa situation de « travailleur immigré »
f) Comment le fils voit-il son avenir ?

2 La mort du père
a) Décrivez la façon dont la famille apprend la mort du père.
b) Le chef – comment le père le voyait
             – comment il apparaît ici
c) Qu'est-ce qui change dans la vie du petit garçon après la mort du père ?
d) Quelles sont les conséquences de la mort du père sur la conception de la vie du fils ?

3 L'attrait de la rue et des copains
a) « Elle (= la rue) avait un goût sucré irrésistible. » – Expliquez.
b) Le garçon et ses copains. Quels sont les pressentiments de la mère ?
c) Description des copains et de leurs occupations.
d) Pourquoi Vincent exerce-t-il une telle séduction sur le petit Slimane ?
e) Pourquoi les copains le tiennent-ils systématiquement à l'écart de leurs aventures ?
f) « Un séjour au pays des voleurs signifie qu'on est toute sa vie derrière des barreaux. » – Expliquez et commentez.
g) « Après le DC de mon père, les choses n'étaient plus pareilles. » Pourquoi ?
h) Le garçon veut se venger. De qui ? Pourquoi ?

4 Passer à l'acte
a) Décrivez «la plus grande folie de sa vie».
b) Pourquoi ne prend-il que les clés de la voiture?
c) Les sentiments du petit Slimane avant et après le vol des clés.
d) «C'était la première fois que je volais de mes propres ailes.» Expliquez le jeu de mots et commentez.
e) Comment présente-t-il son «exploit» à ses copains?
f) Comment ses copains réagissent-ils?
g) Pourquoi voudrait-il «monter dans une machine à remonter le temps»?

5 Les préparatifs du hold-up à la bibliothèque
a) Quel est le plan du chef?
b) «J'étais enfin quelqu'un avec de vrais copains et la vraie vie commençait pas si mal que ça.» – Quels sont ses sentiments?

6 Exécution du plan
a) Que veut-il dire par «des femmes pisse and love»? Quelle est leur conception de la vie?
b) Décrivez les différentes personnes qui fréquentent la bibliothèque.
c) Comment font-ils pour entrer dans la bibliothèque? – Quel est l'incident inattendu qui survient?
d) Que devraient-ils faire à ce moment-là?

7 La fascination des livres
a) A la recherche du magot. – Comment s'y prennent-ils?
b) «C'est toujours plein de richesses dans les livres», dit le petit Slimane. – Que veut-il dire par là?
c) Les trois copains ont des réactions différentes quand ils sont dans la bibliothèque. – Analysez leurs comportements.

8 L'arrivée de la police
a) Quelle est le réaction du petit Slimane? – Expliquez sa peur.
b) Pourquoi le policier traite-t-il Momo de «Suédois»? – Comment se comporte-t-il à son égard?
c) Le petit Slimane dit: «Vous ne pouvez pas nous mettre en

prison parce qu'on est mineurs. » – Qu'en pensez-vous ? Est-ce vrai ? Est-ce normal ?
d) « Maintenant faut passer à la caisse » ! – Que va-t-il leur arriver ?

9 Au poste de police – Epilogue
a) Comment les policiers sont-ils décrits ? (Comportement, langage, méthodes)
b) Pourquoi le policier dit-il à Momo : « Dis la vérité, sinon on t'expulse d'où tu viens » ? – Dans quel contexte sociopolitique se situe l'histoire ?
c) Comment l'histoire se termine-t-elle ? Quelles sont les sanctions prises à l'encontre des jeunes « voyous » ?
d) Trouvez-vous ces sanctions   – justes
  – trop indulgentes
  – trop sévères
  – sans conséquences pour les coupables ?

Pourquoi ?

Questions portant sur l'ensemble du texte
1) Le portrait du héros – Essayez de l'analyser.
2) Notez tous les passages qui parlent de l'influence que le père Slimane a sur son fils. Commentez-les.
3) Quels sont les problèmes sur lesquels l'auteur a voulu attirer notre attention ?
4) Expliquez le titre. – Comment peut-on être un « voleur d'écritures » ?
5) Cette histoire est-elle amusante,
  dramatique,
  tragique,
  réaliste ?   Expliquez.
6) Peut-on prendre cette histoire au sérieux ?

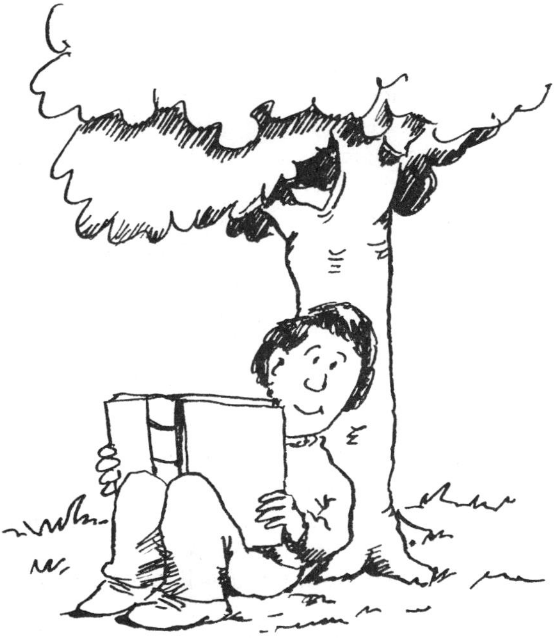

987 654 321